거울 앞에 섰을 때는 열중쉬어는 안 된다

우리詩 시인선 082

거울 앞에 섰을 때는 열중쉬어는 안 된다

오형근 시집

우리詩 욺

시인의 말

'시인의 말'을 쓰려고 하니
자꾸
작아지네,
부끄러워진다.

2025년 2월에
오형근

|차 례|

□ 시인의 말 •5

제1부 빈손

무제無題 •13
무제無題 •14
무제無題 •15
무제無題 •16
무제無題 •17
무제無題 •18
방어벽 •19
모기 •20
또 다른 시지프 신화 •22
숙제 •24
빚이 많다 •25
꽥, 꽥 •26
원願 •27
빈손 •28

제2부 작은 시의 노래

작은 시의 노래 •33
작은 시의 노래 •34
작은 시의 노래 •35
작은 시의 노래 •36
작은 시의 노래 - 아내에게 •37
작은 시의 노래 •38
작은 시의 노래 •40
불면의 밤 •41
잠의 뿌리 •42
제목 없는 노트 •44
귀여운 벌레 •45
향유고래 배 속에 이끌린 며칠 간 •46
똑바로 세울 수 없는 것 •49
자는 아내의 손을 잡고 •50
65세 이후 •52

제3부 젊었을 때는 쓰지 못한 시詩

혼자 노는 아이 1 •57
혼자 노는 아이 10 •58
혼자 노는 아이 11 •59
혼자 노는 아이 12 •60
혼자 노는 아이 13 •61
부르지 마 •62
나의 사전의료의향서 •64
라흐마니노프의 「죽음의 섬」에 가다가 •66
갑충甲蟲이 되어 •67
거울 앞에 섰을 때는 •68
내 마음의 구멍 속 •70
젊었을 때는 쓰지 못한 시詩 •71

제4부 별 하나가 망설이고 있네

출생 유감 •75
비 갠 후 •76
별 하나가 망설이고 있네 •77
까치가 집을 짓다가 떨어뜨린 나뭇가지들 •78
비전祕典처럼 •80
가을볕 •82
원형 탈모처럼 •83
빗소리 •84
바람도 듣고서는 숨을 죽이고 가는 말은 •85
짖지 마라, 개야 •86
1,000원 •88
신문지를 털어 보았지만 •90
운명 •91
나무들은 겨울에도 바쁘네 •92

제1부 빈손

무제 無題

아버지의 49재를 마쳤다. 이제 죽을 자격을 얻었다.

무제無題

이 지구에
인간이, 자연 파괴의 주범인
인간이 만든 피리를
땅에 꽂아 놓고

마음껏 불라고 하면
(지구가 분다면)

어떤 소리가 날까?

무제 無題

악기는
죽은 나무,

목관 악기
죽은 나무

거문고와 가야금의
오동나무도
죽은 나무

나무가 고집을 부리지 말아야
악기

무제無題

 운동하고 내려오는 길목에 노숙자가 있어서 한동안 다른 길로 돌아서 내려왔다. 가로수 잎들이 다 떨어지고, 찬바람이 불고 노숙자가 보이지 않아서 처음부터 다니던 길로 내려왔는데, 마음 한쪽에서는 노숙자가 절뚝거리면서 돌아다니고 있는 것이 아닌가.

무제 無題

싫어!
가 많다.
좋다보다는, 내 세상에는.

순하게, 개운하게
받아들이지 못해

싫어!
가 많다, 많아진다.

내 세상에는
언제
싫어!
보다는
좋다가 더 많아질까.

그런 날이 오기는 올까.

무제無題

 내가 본 책들은 꽂아 놓지를 않는다. 이제는, 그만 쉬라고 눕혀 놓는다. 밑줄 그어 가며 내 이야기로 흉하게 덧칠했으니 무거워져서 제대로 서 있지를 못한다.

방어벽

거리에 방어벽이 걸어다닌다

어떤 사람은 움직이면서도
방어벽을 더 높이고

대개 방어벽 높이는
나이 순서다

세월이 그렇게
험하게 만들었다

어린아이의 방어벽은 아예 없거나 투명하고······

엎드려서 구걸하는 걸인은
아예 차단벽을 치고 점점 까매져 간다

모기

책상에서 모기에게 물렸다

가려워서
신경줄 팽팽
눈초리는 사나워졌고

벽에
느낌표처럼 달라붙은 모기를
급히
오른손으로 때려잡았다,
마음속으로는 극락왕생을 빌면서

검붉은 피!

그 피는
모기의 처음이자
마지막 혈서

모기는 맞아 죽어야만
온몸으로 항변하듯

그나마 쓴다,

"살려고 했을 뿐인데!"

또 다른 시지프 신화

1
바위를
그는 떨어질 때마다
자신의 몸을 일으켜 세우듯
산꼭대기로 올려놓는 것이다.

산꼭대기에는 바늘 하나 내리꽂을 틈도 없어서
올려놓기가 무섭게
아래로 굴러떨어진다.

산꼭대기에서 사납게 굴러떨어지는
바위를 쫓아 내려가는
그의 등에서는
굵은 땀줄기가 흐르고
잘 발달된 근육에 햇빛이 튕겨 나왔다.

거듭되는, 쓸모없게 느껴지기도 하는
오르내림에
낙숫물이 댓돌을 뚫는 것처럼
바위의 울퉁불퉁한 면이 점점 닳아 없어져갔다.

그는 더욱 단련되어
발밑 개미를 피해서 오르내리기까지 했다.

굳은살투성이 그의 발바닥이
헐떡이는 숨결이
오히려 뒤돌아보지 않게 하고,

쇠말뚝에 매인 소와 같은 자신의 상황을
더욱 투명하게 볼 수 있게 되었다, 점점.

2
낳은 알이 그 속에 있는 쇠똥이나 말똥을
말똥구리가 굴리듯
그는 바위를 산꼭대기로 올려놓는 것이다, 오늘도.

 이끼가 끼지 않는, 구르는 돌처럼 자신을 굴리고 있는
지도 모른다, 어제처럼.

숙제

어렸을 때는 숙제를 해 놓으면
잠도 잘 잤는데,

이제는 숙제를 내주는 사람도
숙제 검사를 하겠다는 사람도 없지만

내가 숙제를 내고
내가 숙제 검사를 하는데,

원하는 만큼 했어도
그때처럼
편하고 개운하지 않네
걱정이네

빚이 많다

처음에는
몰랐었다, 억울한 것만
알았는데

억울해 할 줄만
알았는데

내 바위 같은 마음에
목어의 눈이 생길 줄이야!

세상에
진 빚이 많다는 것을
처음에는 몰랐었다

꽥, 꽥

  어미 오리 뒤에 새끼 오리들이 뒤따른다 줄 맞추어 가듯 가다가 어미가 밑으로 내리뛰면서 꽥, 꽥 새끼들이 자기들 키의 수십 배는 족히 되는 낭떠러지를 지남철에 못 달라붙듯 잽싸게, 아무 거리낌 없이 뛰어내린다
  뛰어내렸다!

  그 찰나에는,
  어떤 이념도
  어떤 틈도 없었고
  시간도 멈추었었다

원願*

죄罪 되지 않을 만큼만
나는,
살고 싶네

* 석성일 스님의 작품, 「願」을 차용하여 만든 것임을 밝힙니다.

願
석성일

罪 되지 않을 만큼
그녀,
만나고 싶네.

빈손

빈손은
붙여 쓴다……

'빈 손', 이렇게 띄어 쓰는 줄 알았었는데
빈손은
붙여 쓴다
왜 그럴까, 생각생각했는데

'빈 손'
이렇게 띄어 쓰면,

사람들은 빈손을 참지 못하니
빈과 손
그 사이에 욕심의 빨판이 달라붙을까 봐
그 사이에 불순한 생각이 낄까 봐

빈손,
이렇게 붙여 쓰게 한 것,

맞지?

단숨에
단박에
쓰라고……

제2부 작은 시의 노래

작은 시의 노래*

반죽이 잘된
말의 사다리로는
오를 수 없는, 그곳!

순간,
껍질 깨고
우화羽化하고 싶어라

* 「깊은 노래의 시」정현종 옮김, 로르카 시집 『강의 백일몽』,
민음사, 1994. p. 45.를 변용한 것입니다.

작은 시의 노래*

살다 보니 알게 되었네, 삶이란 것이 사는 내내 태어나면서부터 달고 나온 죽음의 열매를 잘 익게 하는 것이란 것을…….

* "사람들에게 찾아오는 것은 작은 죽음,
그들 스스로의 죽음은 익지 않은
그들 속의 열매 모양으로
퍼렇게 퇴색된 채 매달려 있습니다."
- 릴케, 「그곳에는 하얀 꽃처럼 창백한 사람들이」, 『두이노의 비가』, 열린책들, 2016. p. 81.

릴케의 시, 위 구절을 읽다가 쓰게 된 시임을 밝힙니다.

작은 시의 노래

쌓이면
병病 되는 것들을 버릴
웅덩이 하나쯤은
마음 한곳에
만들어 놓아야……
웅덩이 파려면,

무욕의 삽이 있어야 하리
내 몸속으로
찬바람이 몇 번은 지나가야
하리

작은 시의 노래

새순, 반가워서
왼손
엄지, 집게, 가운뎃손가락으로
조심스레 잡고서
비비듯이
만지작거리니

추운 겨울 이겨 낸
이야기
들려준다고,
막무가내로 전하는
소식 듣다가
그만
내 말은 하지 못했네

작은 시의 노래
- 아내에게

후드득, 툭
도토리 떨어지는 소리
되돌아가는
소리……

껍데기에서 쏙
빠져나온, 밑동이 깨끗한,
떨어져서
가볍게 굴러가는
도토리처럼
그렇게
온 곳으로
함께
되돌아가고 싶네

작은 시의 노래

낮잠에서 깬 아내가 나를 부른
"여보"
란 말에

내 방에서
"응"
말하고 나니,

"응"
그 울림에
깊이에
스스로
빠지고 말았네

언제까지
함께
세월의 강을
"여보"
"응"
하면서

건널 수 있을까?

"여보"

작은 시의 노래

나이테와 나이테
틈새에
인욕의 세월이
긴
강물처럼
흘러
흘러

흘러,

나무는
숨차지 않다

불면의 밥

문득, 알아 버렸네
불면은
내 안에서 자란다는 것을

상처는 과거의 일일 뿐!
그냥 둬도
시간이 어떻게든 잘 알고 찾아와서는
딱지로
따뜻하게 덮어 주거늘

씻겨 내려가지 않는다고
안달을 부리고,
내 안에다
등불
제대로 켜 놓지 못했다고

자신을 꾸짖었으니

불면은,
나를 먹고 자랐다네

잠의 뿌리

오늘도
흉한 꿈을 꾸었네

잠이 제대로
내 몸에 뿌리를 내리지 못한 모양이네
잘 내렸다면,
삶에서 생긴 불순물들을 다 걸러내서
그냥 꿈인 듯
그냥 잠인 듯
순하게 자고 일어났을 텐데,

자고 일어나면
개운하지 않네

잘 자야 사람이 순해지거늘
밤마다 흉한 꿈에 꼬집히니
거칠어지네

이제는 잠의 뿌리가
보고 싶네

잠의 뿌리가 아프면,
내가 고쳐 주고 싶네
부탁하고
싶네, 제대로 구실 좀 하라고

제목 없는 노트

시를 쓰다가,
간절함이 시의 하늘에 가 닿지를 못해

노트 빈 공간에
나를 그리다
말다

지우다 말다,

마침내는
조그만 벌레 한 마리 그려 놓고는
그 옆에다
화살표를 넣어
'죽는시늉하는 벌레', 이렇게 쓰고 만다

또 한 마리 그린다

귀여운 벌레

첫 손맞춤 이후,
덴, 내 손바닥 안에서는
귀여운 벌레가
자란다

내 손바닥이 그놈에게는
운동장이라도 되는지
뛰다가 달리다가
되똥되똥 걷기도 한다

어떤 날은, 드물지만,
너무 조용해서
내가 장난치듯 톡톡 건들면
손바닥은 금방
그날처럼 화끈거린다

오늘은,
새끼를 쳤는지
손바닥이
찌, 찌릿찌릿

향유고래 배 속에 이끌린 며칠 간

"향유고래는 입을 벌리고 진공청소기처럼 주변에 있는 모든 것을 먹는다."며 "이 때문에 엄청난 양의 쓰레기가 고래 배 속에 가득 찼고, 결국 굶어 죽게 됐다."고 했다.
 - 〈조선일보〉 2022. 11. 24.

2019년 이탈리아에서 발견된,
임신한 고래의 배 속에서는
쓰레기 봉지,
그물,
세제통 등 22kg

2022년 캐나다에서 발견된
고래의 배 속에서는
어망,
로프,
장갑 등 150kg

올해(2023년) 하와이에서 발견된
고래 배 속에서는
최소 6개의 통발,
7종의 어망,

두 종류의 비닐봉지,
낚싯줄,
그물망 등
"고래가 너무 커 배에 가득 찬 것을 모두 조사할 수는 없었다."
– 하와이대 박사

나는,
며칠 간 향유고래 배 속에 들어갔다
나왔다

쓰레기 봉지,
그물,
세제통,
어망,
로프,
장갑,
최소 6개의 통발,
7종의 어망,
두 종류의 비닐봉지,

낚싯줄,
그물망 등

플라스틱 냄새가 나는 것들을
끄집어내지 못하고

나만 살겠다고,
부양가족 있는 밖으로
혼자서만
나왔다

똑바로 세울 수 없는 것

집에서 키우는 호야*의 덩굴손이
사 온 지주대 잡고 올라가게 해 주었고,

야산에서는
꺾어진 나무줄기가 떨어지면서 내리눌러
땅에 닿아 있는, 아래의 키 작은 나무의 나무줄기도
힘껏
똑바로 일으켜 세워 놓았고,

친구가 방황했을 때
나름대로 바로잡아 주려고 애쓰기도 했지만,

정작 똑바로 세울 수 없는 것은 나!

  *상록 덩굴나무.

자는 아내의 손을 잡고

곤히 자는 아내 곁에서
오지 않는 잠을 기다리다가
무작정
아내의 손을 잡고 흔드는 것은,
심심해서가 아니라네
왠지 자는 모습
측은하여 이불 덮어 주면
덥다고 한,
짜증스런 아내의 목소리가
듣고 싶어서도 아니라네

함께 엮어 만든 시간들이
어릴 적
풀 없어서 밥풀로 붙인
편지 봉투처럼 울퉁불퉁하였어도
내가 저질러 놓은, 삶의
거친 보푸라기를
하나하나 떼어 내면서도
등을 돌리지 않은 아내의
의외로 작은 손

을 일방적으로 흔드는 것은
마음속에 눌려 있는, 내뱉지
말았어야 할 말들을 떨쳐 버리고
이제는
아내에게 깊숙이 다가가기 위해서라네

손을 놓자마자 아내가 돌아눕는다
멈칫거리다가
아내의 등에 아무 글자도 쓰지 못하고
돌아눕고 말았다네, 나는

65세 이후

일 년에 한 번
죽을 때까지 지급되는
연금 보험금이 입금되지 않아
전화를 했었더니,

65세 이후에는 직접 본인이
전화를 해야 지급한다고!

속뜻을 알아차리고는
멋쩍게 웃고 말았네, 내가
본인이라고 말하면서

이번에도
또 전화를 해야 하는데,
어떤 말을
어떻게 해야 할지를 몰라
며칠째 전화를 못하고 있네

살아온 시간 내 삶이 부끄럽네
자꾸 부끄러워지네

이번에는 아예 웃지도 말고,
단도직입적으로 아직 살아 있다고 말할까

그렇지만, 나는 전화를 하고 말았네
그 다음 날에 아무렇지도 않은 듯이

살아오면서 익힌 그대로,
천연덕스럽게 속마음을 잘도 숨겼네

제3부 젊었을 때는 쓰지 못한 시詩

혼자 노는 아이 1*

혼자 노는 아이야
남들은 모두가
친구들끼리 어울려서 노는데
너는 혼자서도 잘 노는구나
남들은 서로가 서로의 장난감이 돼서도 잘 노는데
너는 네 스스로가 장난감이 돼서도 잘 노는구나
언제부터 혼자 노는 아이가 됐는지는 모르지만
가끔 그들 속에 끼어서
한번 신나게 놀아 보아라
혼자 노는 아이야
인생은 그렇게 살아가는 거란다
혼자만 깊어가는 아이야

* 「혼자 노는 아이」 연작시는 「혼자 노는 아이 1」에서부터 비롯되기에 재수록합니다.

혼자 노는 아이 10

스스로 자신을 타이르면서
홀로 흘린 땀이
너에게
별이 되지 않은 것은,

혼자 노는 아이야

씨앗끼리 비빈 꼴이어서
그런 거란다 씨앗은
똥 묻은 흙에라도 떨어져야
생명이 움트지 않니?

혼자 노는 아이 11

혼자 노는 아이야
너를 본 지도
벌써 20년이 훌쩍 지났지만,
여전히 너는
네가 그린 원 속에서만
놀고 있다는구나
잘 놀고 있다는구나

혼자 노는 아이야

그렇지만, 이제는
원 바깥으로 나와서
다른, 더 큰 원을 그려 보아도
그럴 때도 되었건만!

쳇바퀴 돌 듯
그 한결같은 원에서만 놀면
네가 작아지잖니?

혼자 노는 아이 12

네가 자주 자전거 타는 이유를
오늘에야 알았네,

혼자 노는 아이야

네 힘으로
둥글게 앞으로

정직하게 앞으로 나가네

페달 밟듯
둥글게 자신을 쓰다듬으면서

몸은
그만큼 데워지고,

혼자서도
즐길 수 있는 자전거 타기

잘도 타네

혼자 노는 아이 13

혼자, 혼자
노는 아이야

혼자 노는 아이야

혼자 놀면서
마음속에 길도 내고,
참호도 만들어 놓았지만

색칠은
못 했구나

나무
한 그루 심지 못 했구나!

혼자서는
잘 노는데

부르지 마

여보,
부르지 마!
어머니
부르지 마
울지 마
이제
남들처럼
어머니도 짐 내려놓고
가시는데
어쩌자고 붙잡아
뒤돌아보시게 하지 마
소금 기둥* 될라
모든 것 지운 채
가시는데
어머니를 부르지 마
여보,

그동안
애썼네

* [기독교] 뒤를 돌아보아서는 안 된다는 천사의 당부를 어기고 뒤돌아보다가 소금 기둥이 된, 롯의 아내.

나의 사전의료의향서

이제는
이곳에, 더 이상 있어서는

안 된다는 것을
자식보다
눈치 빠르게 먼저 알아차려서는

상처 입은
짐승이 외딴 곳에 가서
죽듯이
(홀로)

선승禪僧이
앉은 채 육신의 옷을
벗듯이
(무념無念으로)

떨어진 과일이
아래로 굴러가듯이,
죽음의 문을 넘고 싶으니

바라오니

그대로
그냥, 그냥 죽는
그대로

라흐마니노프*의 「죽음의 섬」에 가다가

 라흐마니노프의 교향시 「죽음의 섬」을 듣다가, 그만 검은 물결, 그 파도에 휩싸여 빠지고 말았었는데, 닿은 데 없이 밑으로 내려가다가 동굴이 너무 깊어, 이번 한 번의 생에 만들어진 것이 아니라 광겁다생曠劫多生 동안 만들어졌을 것이라고…… 깊디깊은 동굴에 제대로 빠져들었다

 라흐마니노프의 「죽음의 섬」에 가다가 거듭된 생이 만들어 놓은 동굴을 발견하였다, 나는

---

  * 러시아의 대표적인 피아니스트이며 작곡가로 피아노곡에 걸작이 많다.

갑충甲蟲이 되어

사는 데 불편한
이곳에서
그래도 살아야 하니,
갑충甲蟲이 되어
나쁜 짓을 해도
못된 생각을 해도
겉으로는 나타나지 않으니

뻔뻔함은
무럭무럭!

풍뎅이, 하늘소, 딱정벌레는
그나마 날개가 있지만,
그런데
그런데
나는 그들처럼 날개도 없다
제대로
갑충甲蟲에 끼지도 못하고……

거울 앞에 섰을 때는

거울 앞에 섰을 때는
차렷,
차렷 자세로

두 눈
똑바로 뜨고

눈망울 속으로
더 깊이
내려가서는

눅눅한 영혼을 건져 올려

눈 속에
가두어 놓고는

숨을 고르면서,
(자기 연민은 내려놓고)
바라보아야

말려야!

거울 앞에 섰을 때는
열중쉬어는 안 된다

내 마음의 구멍 속

지난밤에 내리지 않고 잤나 보다
세면대에 떠 있는 머리카락 서너 올이

어제의 근심처럼,
오늘의 근심처럼,
내일의 근심처럼,

살아서
움직이네

내 마음의 구멍 속이
막혔는지
세면대의 물을 내리지 못하고 있네

젊었을 때는 쓰지 못한 시詩

 나보다 잘나고, 세상에 빛이 되어 준, 어린 사람이 먼저 죽었다는 소식을 들을 때마다 (내가 따라 죽을 수도 없고) 자책을 해 보지만 달리 뾰족한 수가 없어 난감해한다

 미안하고, 부끄럽다

제4부 별 하나가 망설이고 있네

출생 유감

남자와 여자가 상접相接하여
서로의 몸을
욕정의 흥건한 물로
잔뜩 불려 놓고는
아이를 만드니
죄, 죄다!

그들의 몸이 사랑으로
감처럼 익어,
남녀의 눈이
빛의 폭포일 때,
바로 그때
그들의
상대를 감싼 꽃가루 같은 숨결로
(진정 원해서)
아이를 만들었다면 사뭇
인간의 똥은 예뻤을 것이다

비 갠 후

윗가지에 매달려 있던,
마지막 남은
빗방울이
눈꺼풀 감기듯
떨어지자
바로 아래,
곧바로
빗방울 맞은
대추는
몇 번을 대롱대다
겨우
조용, 조용

대추는 아직 푸르네

별 하나가 망설이고 있네

다른 별들은 다
옆에 있는 저수지로 들어가
반짝거리는데

한 아이를 쭈욱 따라온
별 하나가
아이가 집에 들어간 후에도
한참을 껌벅대다가
방의 불이 꺼지자

진흙탕 길에 아직 남아 있는,
아이의 발자국에 고인 물로

들어갈까 말까,
고인 물에는 바람에 잔물결이 이는데
아까부터 망설이고 있네

까치가 집을 짓다가 떨어뜨린 나뭇가지들

나뭇가지들이 바닥에 떨어진 모양이 범상치 않아
위를 쳐다보니, 그 위에
까치집

둥지를 짓다가 떨어뜨린 나뭇가지들이
무슨 상형 기호 같아,
물끄러미 내려다보니

ㄱ 같은 나뭇가지
ㄴ 같은 나뭇가지

ㄷ은 없고
ㅎ도 없고

그래도 반가운 소식을 전해 준다는 까치가
떨어뜨린 나뭇가지들이어서,
마음에 담아 두고 싶어
휴대폰으로 사진을 찍어 놓았다

세상과 자신에게 시달리면서

잊을 만하면 들여다보았었는데,
그때마다
맑은 기운 속에서
까치 소리도 들을 수 있었다

일단
사람 냄새에서
벗어났다……

스스로 뜻을 갖지 않는 나뭇가지에 색을 입히며
내가 너무 매달리는 것은 아닌가, 하는 생각에도
사진을 지우지 않고 있다

이제 그 사진은 어느덧
내가 들어가 앉아 머물 쉼터가 되었다

비전祕典처럼

어마하게 큰, 집채만 한
큰 바위
붙임바위에
문질러 올려놓은 작은 돌들을

무슨 소원을 빌면서
누가, 언제
올려놓았는지 모르지만

올려놓은 지는
서너 해가 지난 것 같은데,

붙임바위 배를
문지르면서 빌고 빈 소원이

하늘 깊은 곳까지
올라가서는
바람의 손길을 데리고 와서
붙임바위를 타고 올라간
넝쿨식물의 넝쿨손으로

소원을 빌면서 올려놓은
작은 돌들 몸통을,
어떤 넝쿨손은 돌의 머리를
어떤 넝쿨손은 돌의 발을
붙임바위에 묶어 놓았다

도선사 오르는 길목 붙임바위에서
잎을 떨군, 넝쿨식물의 야윈 넝쿨손이
각기 다른 모양의 돌들을
꼬옥 껴안고 있는 것이다!
섣달 추운 날에,

천년을 산 붙임바위가
그, 그 간절함을
비전祕典처럼 펼쳐 보인 것이다

가을볕

돌 위에 앉아서
한 남자가 자신을 펼쳐 놓고
나지막하게 흐르는 중랑천 잔물결을 바라보고
있네

은비늘 반짝이는 잔물결 따라
지난, 오욕汚辱의 시간의 페이지를 넘기다가

순간 눈에 초점이 흐려지면서
더 이상 넘기지 못하고 있네

그때 그날의 감정의 폭포수가 떨어져
그대로 맞고 말았네,
엎어진 시간 속에서

펼쳐져 있는, 한 남자의
눅눅한 페이지를 말리기에는
가을볕이 턱없이 부족하네

원형 탈모처럼

주위는 온통 푸르름
명당인가, 햇볕 좋은 데를
파헤쳐
흠집을 낸, 무덤

아직도
애타게 붙들고 싶은,
애달픈 이야기 있어
저리도
푸르름의 진격을 막고 있나

빗소리

빗소리가
침놓네

내 몸에
잘도 꽂히고……

삶의
고름이 괸
둑을
잘도 무너뜨리네

바람도 듣고서는 숨을 죽이고 가는 말은

혼자서,
제 발로

그것이 안 된다면 자벌레처럼이라도

화장실에 가는 것이
세상에서 제일 좋은 일이라는

짖지 마라, 개야

네 목만 아프단다
짖지 마라, 개야
네가 책임질 일 없어
그들의 일에 끼어들 틈도 없단다
짖는다고
목줄에 맨 줄이 늘어나지도 않는단다
개야,

분노는 커다란 울림일지 몰라도
세상을 바꾸지는 못해

주는 밥
잘 먹고, 귀 꼿꼿이 세우고……

어두울수록 빛나는 네 눈

살아 있는 그 자체가
기록이란다

길게

생각해야
그래야, 개야

주는 밥은
잘 먹고

1,000원

서울이 길 위에 쏟아 놓은
토사물 같은,
앓는 짐승처럼 엎드려 있는

동냥하는, 젊은 여자의 두 손에
1,000원을 놓아 주었네

잔뜩 웅크린 것이 죄인 같았네

볼일 보고
되돌아가다가 보았네,

한 부인이
젊은 그녀의 두 손에 1,000원을 주면서
뭐라고 말하네

무슨 말인지 모르지만,
젊은 그녀를 탓하는 소리가 아니기를 바랄 뿐이네……

사람들이 젊은 그녀를

못 볼 것이라도 본 것처럼 잘도 피해서 가네

시간 지난 토사물처럼
서울 한복판에서 젊은 그녀가
점점 굳어져 가네

신문지를 털어 보았지만

    잠시 말을 멈춘 A씨는 "나, 간다"며 의자에서 벌떡 일어섰다. 이어 "엄마 없이 어떻게 살겠느냐"며 방에 있던 반려견 두 마리 가운데 한 마리를 창문 쪽으로 집어 던지고는 나머지 반려견을 안고 창문 쪽으로 향했다. 얼마 뒤 "악" 하는 비명이 들렸다.
    ……
    건물 아래를 지나가던 사람의 신고를 받고 출동한 119구조대는 빌라 앞 도로에 피를 흘리며 엎드린 채 쓰러져 있는 A씨를 발견해 병원으로 옮겼다. 하지만 한 시간 만에 숨졌다.
    – 〈동아일보〉, A14, 2018년 3월 8일 목요일.

물론 A씨의 명복을 빌었지만,

창문 쪽으로 집어 던진
반려견 한 마리와
A씨가 안고 투신했다는
나머지 반려견의 소식은
기사 어디에도 없었다.

신문지를 탁탁 털어도 나오지 않았다,
반려견 두 마리는.

운명

보도블록, 보도블록 틈새에
파랗게 살아 있는 조그마한 풀, 풀들아
보도블록 그 위로
고개 내밀지 마
목뼈 부러진단다
바깥세상 넘보다가
눈먼단다

나무들은 겨울에도 바쁘네

손이 시린데,
나뭇가지들은 추운 줄도
모르면서
바삐 움직여
하늘의 속내를 살피고 있네
여름에는
비가 얼마나 올지
안 오면
얼마 동안 안 올지
태풍은 언제 불지
조금이라도 알아내려고
나뭇가지들이
서로 몸을 비비면서
하늘의 뜻을 받아 낼,
보일락 말락
하늘 그물망을 짜고 있네

이번에는
하늘을 톡톡 건들기도 하네

우리詩 시인선 082
거울 앞에 섰을 때는 열중쉬어는 안 된다

초판 1쇄 발행 2025년 3월 1일
지은이 오형근
발행인 홍해리
펴낸곳 도서출판 우리詩 움
등록번호 2021-000015호
등록일자 2021년 5월 20일
주소 01003 서울시 강북구 삼양로159길 64-9
전화 02)997-4293
이메일 urisi4u@hanmail.net
ISBN 979-11-986887-6-7

값 10,000원

* 잘못된 책은 바꾸어 드립니다.
* 지은이와 협의하여 인지를 생략합니다.
* 이 책의 판권은 지은이와 〈도서출판 우리詩 움〉에 있습니다